CONOCE TU GOBIERNO

PRESIDENTE

Por Jacqueline Laks Gorman
Consultora de lectura: Susan Nations, M. Ed.,
autora/tutora de lectoescritura/consultora

WEEKLY READER®
PUBLISHING

Please visit our web site at www.garethstevens.com
For a free color catalog describing our list of high-quality books,
call 1-800-542-2595 (USA) or 1-800-387-3178 (Canada). Our fax: 1-877-542-2596

Library of Congress Cataloging-in-Publication Data
Gorman, Jacqueline Laks, 1955–
[President. Spanish]
Presidente / por Jacqueline Laks Gorman ; [Spanish translation,
Tatiana Acosta and Guillermo Gutiérrez].
p. cm. — (Conoce tu gobierno)
Includes bibliographical references and index.
ISBN-10: 1-4339-0102-1   ISBN-13: 978-1-4339-0102-7 (lib. bdg.)
ISBN-10: 1-4339-0130-7   ISBN-13: 978-1-4339-0130-0 (soft cover)
1. Presidents—United States—Juvenile literature. I. Title.
JK517.G6718   2008
352.230973—dc22   2008040253

This edition first published in 2009 by
Weekly Reader® Books
An Imprint of Gareth Stevens Publishing
1 Reader's Digest Road
Pleasantville, NY 10570-7000 USA

Executive Managing Editor: Lisa M. Herrington
Editors: Brian Fitzgerald and Barbara Kiely Miller
Creative Director: Lisa Donovan
Senior Designer: Keith Plechaty
Photo Researchers: Charlene Pinckney and Diane Laska-Swanke
Spanish Translation: Tatiana Acosta and Guillermo Gutiérrez
Publisher: Keith Garton

Photo credits: cover & title page Emmanuel Dunand/AFP/Getty Images; p. 5 © John Zich/zrImages/Corbis;
p. 6 © EyeWire; p. 7 White House photo by Joyce Boghosian; p. 9 Ron Sachs-Pool/Getty Images; p. 10 George
Bush Presidential Library; p. 11 White House photo by Paul Morse; p. 12 White House photo by Tina Hager;
p. 13 © Tel Or Beni/GPO/Getty Images; p. 15 Jeff Chiu/AP; p. 16 Jim Bourg, Pool/AP; p. 17 Doug Mills/AP;
p. 19 © Stock Montage, Inc.; p. 20 © North Wind Picture Archives; p. 21 © Marie Hansen/Time & Life Pictures/
Getty Images.

Printed in the United States of America

1 2 3 4 5 6 7 8 9 10 09 08

Cubierta: En 2008, Barack Obama fue elegido como el presidente número 44 de Estados Unidos.

CONTENIDO

Las palabras del glosario se imprimen en letra
negrita la primera vez que aparecen en el texto.

CAPÍTULO 1

¿Quién es el presidente?

El presidente de Estados Unidos es el líder del país. También es un líder a nivel mundial. El presidente tiene mucho poder. Hoy en día, la gente aún comenta cosas que hicieron presidentes en el pasado.

Cada cuatro años, los votantes **eligen** al presidente.
Estados Unidos tiene más de 300 millones de habitantes.
¡El presidente trabaja para todos ellos! Decide qué es lo
mejor para el país.

En 2008, Barack Obama se convirtió en el primer
presidente afroamericano del país. Su familia lo
acompañó antes de su discurso tras la victoria.

El presidente vive en la Casa Blanca. La Casa Blanca está en el número 1600 de la Avenida Pennsylvania en Washington, D.C.

El presidente vive y trabaja en la Casa Blanca. Hace su trabajo en la llamada Oficina Oval. La Casa Blanca se encuentra en la capital de Estados Unidos, Washington, D.C. La capital es la sede del gobierno.

El presidente viaja en un avión especial llamado *Air Force One*. También usa un helicóptero, el *Marine One*.

Unos agentes especialmente entrenados se encargan de proteger al presidente y a su familia. Estos agentes pertenecen al Servicio Secreto.

Con frecuencia, el *Marine One* aterriza en el jardín de la Casa Blanca.

CAPÍTULO 2

¿Qué hace el presidente?

Ser presidente es uno de los trabajos más difíciles del mundo. El presidente tiene que liderar al país en los buenos y en los malos tiempos. El presidente escoge a muchas personas para que lo ayuden a hacer su trabajo.

Los principales ayudantes del presidente forman el llamado **Gabinete**. Los miembros del Gabinete dirigen 15 departamentos del gobierno. Trabajan en educación, salud y otras áreas de importancia. El presidente se reúne frecuentemente con su Gabinete para debatir posibles soluciones a los problemas del país.

El presidente George Bush (centro) se reune con frecuencia con su Gabinete para hablar sobre los problemas del país.

En julio de 1990, el presidente George H. W. Bush aprobó una nueva ley para ayudar a las personas con discapacidades.

El presidente también trabaja con el Congreso. El Congreso es la parte del gobierno encargada de hacer las leyes. Los miembros del Congreso redactan **proyectos de ley**, o ideas para nuevas leyes. Para que un proyecto de ley se convierta en ley, el presidente debe aprobarlo. El presidente se asegura de que las leyes se cumplan.

Todos los años, el presidente pronuncia un importante discurso ante el Congreso y el resto de la nación explicando la situación del país. El presidente también habla sobre sus planes para solucionar los problemas nacionales.

En enero de 2006, el presidente George W. Bush pronunció su discurso anual ante el Congreso.

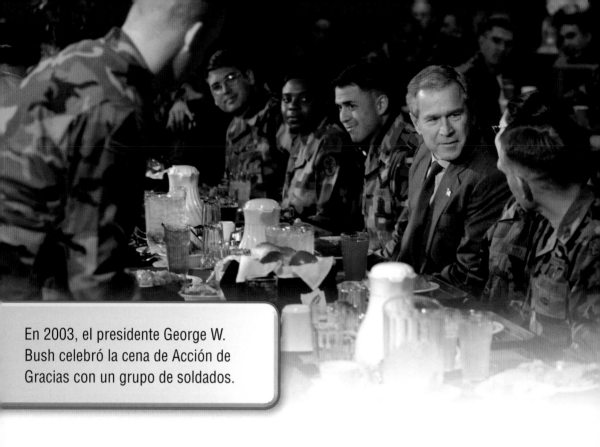

En 2003, el presidente George W. Bush celebró la cena de Acción de Gracias con un grupo de soldados.

El presidente es el comandante en jefe de las **fuerzas armadas**. Las fuerzas armadas protegen a la nación. El ejército de Tierra, la Marina, la Fuerza Aérea, los Marines y la Guardia Costera forman parte de las fuerzas armadas. Para que el presidente pueda enviar a las fuerzas armadas a la guerra, debe contar con la aprobación del Congreso.

El presidente se ocupa de las relaciones de Estados Unidos con otros países. Para ello, suele reunirse con distintos líderes mundiales. El presidente puede hacer **tratados** o acuerdos con otros países y decidir el envío de ayuda a las naciones necesitadas.

En 1978, el presidente Jimmy Carter (centro) se reunió con los líderes de Egipto e Israel y contribuyó a que se lograra un acuerdo de paz entre ambas naciones.

CAPÍTULO 3

¿Cómo llega alguien a ser presidente?

Para convertirse en presidente, es necesario tener al menos 35 años y ser un **ciudadano** nacido en Estados Unidos. Además, esa persona debe haber vivido en el país durante al menos 14 años. Los votantes eligen al presidente cada cuatro años. El presidente sólo puede gobernar durante dos **mandatos**, o periodos.

Llamamos **candidatos** a las personas que se presentan para ser presidentes. La mayoría de los candidatos pertenecen a uno de los dos principales **partidos políticos**: el Partido Demócrata y el Partido Republicano. Ambos partidos realizan grandes reuniones, o **convenciones**, para elegir a sus candidatos.

En la convención del Partido Demócrata de 2008, los asistentes vitorearon a su candidato, Barack Obama.

Cada candidato tiene un **compañero de candidatura**, que se convertirá en vicepresidente si el candidato gana. Los candidatos viajan por todo el país para dar discursos y hablar con los votantes. También realizan **debates** en los que exponen su opinión sobre los asuntos importantes.

En septiembre de 2008, millones de personas vieron un debate entre John McCain (izquierda) y Barack Obama (derecha).

Finalmente, en noviembre, llega el Día de las Elecciones. Gente de todo el país vota. En enero, el nuevo presidente toma posesión y pronuncia una promesa especial llamada **juramento de toma de posesión**. Entonces, el nuevo presidente se muda junto con su familia a la Casa Blanca.

En 1996, el presidente Bill Clinton fue elegido para un segundo mandato. Clinton prestó el juramento de toma de posesión en enero de 1997.

CAPÍTULO 4

Presidentes famosos

Varios presidentes han hecho cosas muy importantes y han pasado a ser parte de la historia. George Washington fue un héroe de guerra que ayudó a los americanos a independizarse de Gran Bretaña. En 1789, George Washington se convirtió en el primer presidente de Estados Unidos.

En 1776, Thomas Jefferson redactó la Declaración de Independencia. Este documento declaraba que Estados Unidos se liberaba del dominio de Gran Bretaña. En 1801, Jefferson se convirtió en el tercer presidente del país. Como presidente, Jefferson contribuyó a que Estados Unidos doblara el tamaño de su territorio.

George Washinton fue elegido presidente el 7 de enero de 1789. El 30 de abril, prestó el juramento de toma de posesión.

El presidente Abraham Lincoln dio discursos que ayudaron al pueblo a mantener la moral durante la Guerra Civil.

Abraham Lincoln fue el presidente número 16. Gobernó la nación durante la Guerra Civil (1861–1865). Lincoln acabó con la esclavitud. Fue un líder valiente en momentos críticos para la nación. Lincoln fue asesinado de un disparo en 1865.

Franklin Roosevelt fue el presidente que se mantuvo más tiempo en el cargo. Llegó a la presidencia en 1933. En aquella época, había mucha pobreza y desempleo.

Roosevelt ayudó a crear empleos. Además, supo dar esperanzas a la población, que es una característica de todos los grandes presidentes.

Franklin Roosevelt fue presidente desde 1933 hasta 1945. Solía dirigirse a la nación por la radio.

Glosario

candidatos: personas que se presentan a un cargo electivo

ciudadano: persona que tiene ciertos derechos en una nación, como el derecho al voto

compañero de candidatura: persona que se presenta a la vicepresidencia

convenciones: enormes reuniones en las que los partidos políticos eligen a sus candidatos a la presidencia

debates: discusiones formales entre los candidatos en las que éstos explican su postura respecto a temas importantes para la nación

elegir: escoger a un líder mediante una votación

fuerzas armadas: ejército de un país

Gabinete: grupo de personas a cargo de los departamentos del gobierno. Los miembros del Gabinete trabajan para el presidente.

juramento de toma de posesión: promesa que hace el presidente de hacer cumplir las leyes y gobernar la nación

mandatos: periodos de tiempo determinados durante los que alguien ejerce un cargo político

partidos políticos: grupos de personas que comparten creencias e ideas políticas similares

proyecto de ley: propuesta escrita para una nueva ley

tratados: acuerdos entre países

Más información

Libro

¿Qué es un presidente y un vicepresidente? Mi primera guía
acerca del gobierno (series). Nancy Harris (Heinemann, 2007)

Páginas web

Presidente por un día

pbskids.org/democracy/presforaday
En esta página podrán ser presidentes y organizar su apretada
agenda.

Niños de la Casa Blanca

www.whitehouse.gov/kids
Esta página contiene biografías del presidente y la primera dama,
una visita guiada por la Casa Blanca y muchas cosas más.

Nota de la editorial a los padres y educadores: Nuestros editores han revisado con cuidado las
páginas web para asegurarse de que son apropiadas para niños. Sin embargo, muchas páginas web
cambian con frecuencia, y no podemos garantizar que sus contenidos futuros sigan conservando
nuestros elevados estándares de calidad y de interés educativo. Tengan en cuenta que los niños
deben ser supervisados atentamente siempre que accedan a Internet.

Índice

Información sobre la autora

La escritora y editora Jacqueline Laks Gorman creció en la ciudad de Nueva York. Jacqueline ha trabajado en muchos tipos de libros y ha escrito varias colecciones para niños. Vive en DeKalb, Illinois, con su esposo David y sus hijos, Colin y Caitlin. Se registró para votar cuando cumplió dieciocho años y desde entonces participa en todas las elecciones.